Im Zugwind flüchtender Tage
Friederike Haerter

Gedichte

APHAIA VERLAG

retour

      flaches Land
      kein Weiß baltischer Strände
      kein Trubel wie Berlin
      nur Oderland in Weiden
      Seen Raps verstickt
      an Rändern Dörfer
      uckerfarben abgestellt
      wie alte Köfferchen
      es muss damals immer Sonntag
      immer Herbst gewesen sein
      vor der Mauer steht das Kleine
      das zu dir erwachsen ist
      das Du in Erbjeans hält sich
      an der abwaschrauen Hand
      das Köpfchen voller
      Verse (Nachtigall und lichte Waldeshöh)
      das Kind am Teich
      im Fuß die Scherbe
      und der Bruderrücken
      der es heimtrug
      über Plattenwege flaches Land
      das du vermisst
      mit deinen Schritten
      weite Ebene Erinnerung
      du kannst darauf bauen
      ein Haus in der Ferne
      kannst darin suchen
      die Hand den Bruder
      vergeblich
      das baltische Weiß

wir waren die Letzten

    die sommers auf Plattenwegen
    über ihren Schatten sprangen
    damals lagen am Ortsrand die Zäune im Gras
    gaben Sicht frei auf Dörfer mit Namen
    die alle gleich klangen nach Grenzland
    und Feldern aus kariertem Stoff gestanzt

    wir waren die Letzten
    die ihre Kreise drum zogen
    als alles enger wurde mit der Zeit
    Nuss und Birne schrumpften
    Blumenbeete gingen ein
    im Schilf ertranken die Weiher
    und in den Stuben brannten
    Gespräche zu Stumpen
    weil nichts geschah
    als der Abflug der Brut
    aus den Horsten
    das Ausbleiben von Besuch
    und die Alten sagten *bald Sense*

    es wurde am Ende noch einmal gemäht
    geharkt auf den Wiesen
    Heuballen zu Pyramiden
    auf denen kein Kind mehr saß

    übern Winter starb die Hoffnung
    wir Jungen wüchsen nach

wir hatten Land
hinter Kanten aus Gras
im Nirgend wo Grenzen verliefen
war Land aus dem bei Wind
die Drachen stiegen
bunte Kreuze hochgeworfen in die Luft
an einem Faden der so tief
in unsre Kinderhände schnitt
als wir den Fluss entlang
durch Niederungen liefen
mit der Spule etwas in der Hand
das uns verband mit dieser Leichtigkeit
dort oben Höhenflüge steile Stürze
übten wir Kinder vom Oderland
wir hatten Anoraks an
unsre roten blauen
in den Wind gesetzten Fahnen

Landkarte

    die Dörfer enden
    auf slawischem Klang

    Rosow ein Stecknadelkopf
    auf die Karte gepinnt

    verortet die Kindheit
    in Ucker und Acker

    Findling wer hier
    noch beheimatet ist

damals

an deiner Hand
das Dorf das Feld die Äcker
unter den Stiefeln kleben
Klumpen Uckermark

deine Jacke riecht nach dir
nach Birnenpflücken
und ich häng an deinen Lippen
als du *damals* sagst
seh ich es in
schwarz und weiß

ich bin fünf und der Klang von
Streifschuss oder *Krähenort*
lassen mir die Jahre
aus dem Köpfchen wachsen
an ihren Hälsen schwindelts mir
was soll das sein: bevor ich
auf der Welt war

mutterseelenleise
ist mir ein jahrelanger
Hals gewachsen
damals sage ich nun selber
und sehe nicht mehr
schwarz und weiß

Winter

ich lös mich am Feld
aus dem Griff einer Hand
und verfolge die Spuren der Hasen
ich jage dem Tag nach
dring ein ins Gestrüpp
mit den Stimmen im Rücken:
man ruft mich zurück

ich drück mich an Mäntel
befühl ihre Taschen
schlupf unter in Wolle
und Wölkchen Parfum
ich hör meine Stimme
verschwinden darin
und nur dieses Kratzen:
die Großen kehrn in sich
und wenn sie erzählen
von Tagen im Winter
lichten sich Bilder
aus Schnee in mir ab

ich presche hervor
aus dem Schwarz unterm Ärmel
will Licht schnappen Luft
wieder Jägerin sein
das Dickicht aufspüren
mich selbst draus vertreiben
das Kind in der Lichtung
davonlaufen sehn

kleine Tiere

von einem Schlag
sind du und ich
zwei kleine Körper aus Flanell
wir bilden ein Rudel
nachts wächst uns ein Fell
nachts werden wir wild
nichts schläfert uns ein
wir reißen die Schäfchen
wir sind nicht mehr klein!
ziehn wir aus dem Haus
in Felder und Weiten
durch Schuppen Nesseln
Jahreszeiten ist Schluss
erst am Nussbaum
voll Falten und Kerben
so hoch so weit so alt
könn' wir nicht werden!
da pfeift drauf der Wind
der wirft Laubberge auf
der ruft Kinder kommt essen
dann leises Gebell
wir spitzen die Ohren
sträuben das Fell

Wir wolln uns gruseln
und schlüpfen durch die Schlafanzüge
in den finstern finstern Wald
in unserm Haus
wenn aus den Ecken Schatten wachsen
Sohlen über Dielen tapsen
knackt darin das Unterholz

siehst du den Mond dort stehn?
im bleichen Schein aus Halogen
lasst uns auf Teppichpfaden schleichen
unsrer Krumenspur nachsehn
wir wolln uns tief ins Haus verirren
und uns fürchten wie im Film

hast du schon eine Gänsehaut?
horch in der Küche wird gebraut
und aus dem Topf steigt weißer Nebel
zieht hinaus als Abendhauch
es kichert leis im Labyrinth
durch alle Spiegel huscht der Wind

und jemand ruft uns in die Betten
doch wir lassen uns nicht locken
eh wir nicht satt vom Spielen sind

Akkordeon

in seinen Armen trug er es ans Ufer
unsrer Betten. er wiegte es in Wellen
auf dem Schoß und als er es ein paarmal
auseinanderzog und wieder faltete
da ging es los: da dröhnten alle Nebelhörner
vor den Hansestädten durch das Zimmer
blindlings fanden seine Finger immer
die richtigen unter den Millionen Knöpfen
und er sang in Moll vom großen Mahl
das es im Himmel geben soll und mir versprach
ich würde alle Ahnen einmal treffen
mit ihnen essen und alles was verloren ging
der Perlenring und die Patentante in Berlin
wären wieder da. das träumte mir
als das Akkordeon schon längst verklungen war
und das wusst ich noch als ich am Morgen wach
am Ufer meines Bettes lag

Kalk

am Hang hinterm Haus graben wir zusammen
nach den weißen Fossilien: Tablettenscheiben Puppenarme
die leeren Gehäuse der Weinbergschnecken zerbröseln dir
zwischen den Fingern und ich denke an die weichen Körper
wie sie irgendwo verendet sind ... das Haus ist zerstoben
in alle Winde haben wir uns verloren erinnern die Hüllen
der Kindheit: zwei Schlafanzüge über eine Lehne gehängt
wo sind die kleinen Körper hin wie waren sie beschaffen
wir denken wir hängen noch lange daran

fremdes Gelände ein Schulhof ein Wirbel aus Blättern
und Stimmen darinnen zwei Kinder die zwei waren wir
ich seh dich mit Kompass in fahrigen Händen
und wie du ihn wendest und wie du mich tröstest
wir treiben verloren auf offenem Meer
da klingelt es Sturm und die Stimmen verfliegen
die Kinder verschwinden in Flure und Türen
nur wir zwei sind übrig: schiffsbrüchig müde
die geheimen Zeichen von Schrammen am Bein
und der Asphalt weicht auf unter unseren Sohlen
kommt keiner uns holen bringt keiner uns heim

Hochsommer

nachts zu liegen draußen
schwillt der Balz der Frösche an
dehnt dir die kleinen Trommelfelle
dass du nicht schlafen kannst
im Sommer wenns dämmert du träumst
von Truppenkrieg und zwanghaftem Gekicher
das dich am Tag zuvor erschüttert hat am Lagerfeuer
wo die Ameisen durch deine Sandaletten flossen
und die Mücken schwärmten tief in deine Haut verschossen

anderntags den Fuß zu kühln
im Uferschlamm (bleib den Teichen fern
wenn du nicht schwimmen kannst)
zu riechen den Moder das Haartalg der Brüder
wenn sie warten auf den Fang hockst du dich
in die Rutenstille stichst den Haken in die Hand
und leckst dein Blut und wie es schmeckt allein
blieb unverändert durch die Zeit
als die Teiche verdarben zu Dickicht und Graben
eine Strichliste an Narben deine Knie bewuchs —
wie vorgespult vergingen die Sommer
du im Raffer, stehend im Wasser
die Hitze im Schilf

Heumahd

    sie ziehn mit Maschinen
    ins Hochbett der Wiesen
    und wetzen den ersten Schub
    Frühsommer ab
    und sind die Büschel gezettet
    und weithin verstreut
    stäubt unsichtbar Pollen
    aus dem werdenden Heu
    lässt sich ins Zimmer
    ins Innere der Kissen tragen
    und dringt in uns ein
    wenn wir atmen und schlafen
    treiben unsre Körper
    feine Gräser durch die Haut
    aus den Körben unsrer Rippen
    platzen Weidenknospen auf
    während draußen der Drescher
    die Wiesen abzieht
    sehn wir und tasten
    nach dem was uns blüht

Treibgut

    wo Uckermark liegt
    wo das Dorf an der Oder

    wo Äcker und Zölle
    wo Teiche und Ställe

    wo Moder und Graben
    wo Räder geschlagen

    wo Zöpfe und Kübel
    wo Ballen und Pflüge

    verflossen die Tage
    wo trieben sie hin

eine ging fort eine andere kommt wieder
nicht heim. dabei versuch ich die Rückkehr seit

Langem such ich das Land ab die Altmark
die Küste Pommern bis Polen. ich suche nichts

Bestimmtes. nur jemanden der meine Eltern kennt
berichtet wie wir miteinander sprachen und seis

nur vom Hörensagen denn ich höre nichts. rufe laut
mir ins Gedächnis schallt kaum ein Echo raus:

meine Mutter in gefütterten Pullovern streift
am Abend durch die Wälder spricht am Telefon

mit ihrer Kindheit sieht mein Winken
nicht vor lauter Bäumen. ruf ich lauter

lote Räume aus ein Haus das mich schon kennt
dasselbe Kind bloß groß geworden

tippt dem Vater auf die Schulter pafft er
Aftershave und warme Rauchzeichen aus in Richtung

Weltliteratur mit diesem Blick der Bände spricht
ach Menschenskind ist wieder Zeit vergangen

setz ich an etwas zu sagen ziehn mich
Magnetenfernen fort. Mutter Vater werden kleiner kleiner

beinah passten sie ins Handgepäck. dann bin ich
wieder weg. versprochen ich komm euch besuchen

wenn ihr es denn hört mein Klingeln im Sturm

bei Nacht vom Saale-Ufer her
der ferne Lärm von Güterzügen
fünf Sekunden lang und schon vorüber
Richtung Nord so wünscht ichs mir
bei Nacht wenn mir die Zähne
unter Schienen schmerzten
mir das Schluchzen ratternd
aus der Brust gefahren kam
zog mein Zuhause im Schlafsaal vorüber
fehlte darinnen nur ein Passagier

liebe M.

von hier gibt es wenig zu berichten, siehs mir nach: bin seit Wochen
grad erst eingezogen, komme gerade erst
zur Tür herein und mit mir die Kälte
wie eine Katze, die sich nicht aussperrn lässt.
schon sechs, war das nicht früher Heimkommzeit?
heut Abend richt ich mich ein
auf Rufe im Hinterhof Amselschreie Lärchenschatten an der Wand
ferner der rote Faden Brüsseler Sirenen
der die ganze Nacht durchziehen wird.
wärst du hier mich abzuholn, du würdest sehn
wie der Backstein schwankt vor ein paar nackten Bäumen
da wäre Licht in einem Fenster, wenn auch schwach
dahinter ich, die sich fürchtet, weil unversichert
gegen Einbruch der Nacht. so ist die Lage. in den Etagen
schlucken Rohre, die Dielen sind morsch und Nachbarn
spurlos verschwunden. vier Wände zeigen mir die kalke Schulter
läuft darin ein Riss knapp überm Bett entlang verzweigend sich
am Fenster — glaubst du das verheilt? ich kann hier nicht nisten
kann kaum mehr ruhig sitzen, werde aufgescheucht
wie schreckhaft weißt du usw ... so besuch mich recht bald
und schreib mir bis dahin in die 120 rue Charles Quint
so glaub ich auch, dass ich hier wohnhaft bin
(wie man stillgelegte Bahnhöfe bewohnen könnt) und
— pstt! ach wieder das Scharren, der Wind

Auszug

      im Hof ziehn deine Reifenspuren
      eine Nachricht die sich nicht entziffern lässt
      das Tageslicht ist ausgezogen
      Schatten klaun vom Fensterbrett
      Nippes das an dich erinnert

      die Uhr tickt fort jetzt heißt es warten
      in der Diele dämmerts längst
      dort stehn verstreut deine Kartons
      wie Würfel die gefallen sind

vierundzwanzig

    Sommerende hängt
    mir in der Kehle

    das Licht kämmt sich
    langsam aus dem Haar

    Zeit in der die Tage sich
    am Horizont verengen

    steige nun an
    schweren Händen ein
    in den September

fünfundzwanzig

      das Licht tropft aus den
      fingerspitzen
      Zweigen der Platanen
      aus den Nestern drängt
      die flügge Brut

      und sind die Läden gefaltet
      die Häuser gehäutet
      die Reste gekehrt

      rückt der Zeiger
      (immer im September) auf
      trifft meinen Namen
      dass ich widerstehe
      wieder steh im Zugwind
         flüchtender
             Tage

Patagonien. bis hierher

        hast du die Ringe unter deinen Augen getragen
        doch selbst der Wind der Magellanen nimmt sie dir nicht ab

        hast verschätzt wie weit der Himmel
        läuft erdabwärts und wie lang
        es braucht erwägen wir das Ausmaß
        deiner Einsamkeit verglichen mit dem Weltenende

        hier der letzte Strand vorm Ozean
        das falbe Fell obdachloser Hunde
        auf der Mole Scharen Kormorane
        ein Schweigen beinah so eisern wie deins
        vorm Ausblick auf die Gletscher
        Fjorde gezackt in blaues Eis
        rare Formen eines Fernwehs
        das mit Ferne nicht zu stillen ist

        schreib es aus schreib
        von den Fischern einer Heimat
        die aus Feuer Land und Wasser schreib
        die Weite klein schreib exakt vom Auflösen
        der Enden am Kap schreib den Nebel fest
        das Unwetter rein schreib
        dir endlich die Landsuche ab

finis terrae

>wie viel wie wenig
>passt hinein
>an Grenzenlosigkeit
>an Wasseradern
>Bergflanken und Gras
>
>wie viel wie wenig
>Luft in die Zweiglein
>deiner Lungen
>und Flugsand wirbelnd
>unter deinen Fuß
>
>nimm dir genug
>atme tief grabe dich
>ins letzte Land
>
>bis an den Rand
>der Gletscher
>herrscht Stille
>dich an

Jetlag

    um vier Takte versetzt
    pendelst du durch
    was Nachmittag sein muss

    um dich treibt Wind
    bläht Hemden zu Ballons
    du langst nach der Karaffe

    Schlaf

    und schläfst nicht ein
    schleifst an den Zeigern
    deiner Uhren durch den Tag

    schabst dir das ferne
    Land aus den Gedanken

    und bist am Abend noch
    nicht hier bist nicht mehr
    dort und weißt was war
    ist nicht mehr vorzustellen

sommeil réparateur

        jetzt sind dir die Gedanken
        ausgegangen

        und die Handlanger des Schlafs
        steigen heimlich bei dir ein

        du hörst ihr Meißeln
        leiser werden

        lass sie verrichten
        in deiner Abwesenheit

Tarifa

    hier sind die Tage
    höllisch heiß

    das Meer zerrt
    an seinen Leinen

    unersättlich
    schnappt es nach Licht

    es beißt sich fest
    in unsern Schlaf

    hier fallen unsre Tage
    alle Zerberus zum Fraß

———

    ich spanne ab
    lass meinen Pflug ab hier zurück

    ich will im Acker keine Furchen
    und keine tragen im Gesicht

Sappho

    an der Tafel standen deine Verse kreidebleich
    wir rätselten und lasen in den Zeichen wie in Sternen
    als sie übersetzten zu uns und ihr Bild hergaben:

    der Mond im Kreise der Plejaden
    die Konstellationen deiner Einsamkeit

    ein Kosmos tat sich auf vor unserm Auge
    die Zeichen standen kurz auf klar
    erloschen mit dem Gong der Stunde
    blieb deine tafelschwarze Nacht

zu halb vier das Zimmer
schwimmt in Schatten dicht
zwischen Tisch und
Stühlen wälzen
sich die Bücherrücken

draußen läuft ein Tag
blau an. in die engen Schläfen
presst er sich das
ganze Leuchten
licht belaubter Seelen
eine Linde stillt die Luft

und mir scheint
die Spitzhüte der Kirchen
machten sich von ihren Türmen los
zögen rastlos durch die Giebel
Straßenarme stießen
wundgetastet aus der Stadt
hinaus ins Weite
und der Takt der Turmuhr
pochte durch

Kempowski-Ufer
ein Werftkran von Weitem
am Kai fallen Blicke
ins Wasser eines Warnow-Arms

Vermerk: es ist November
Pflöcke hier und drüben
scheint das Ufer als ein Gegenüber
Schilf und Reisig (mein ich)
bürsten durch den Wind

zu speichern wärn:
Aida-Träume, Getreide-AGs
die Möglichkeit das Segeln zu erlernen
das Segeln zu verlernen
das in die Ferne Sehn

Kempowski-Ufer
ein Werftkran von Weitem
vorm Kap der Stiefelspitzen
ein schuppenreicher Wellengang

der Kehrmann

        am Abend fegt er noch
        den Hof der Fakultät

        streicht durch die Zeilen
        Kopfsteinpflaster

        er liest die Reste auf
        die ihm vom Tag berichten

        und löscht das Skript
        aus Zigarettenkippen

November

    am Warnow-Ufer steigen
    Dunstgesichter aus dem Schilf

    Birken fahrn mit schwarzen
    Fingern durch die Luft

    das Schluckauf der Motoren
    ebbt vom Stadtrand in die Ferne

    am Himmel formen späte Scharen
    eine Bleistiftspitze

    doch fällt kein Wort
    wohin die Reise geht

Besichtigung

        vier Uhr Turmschlag
        Wind worin
        das Haar tentakelt

        hast verpasst
        den letzten Einlass
        an der Pforte der Basilika

        ihren Schiffen
        schaut sie schon
        mit Backsteinblicken hinterher

am Hafen

        der Tag steht
        einen Spaltbreit offen

        nur eine Luke Licht
        in der die Hafenkante schwebt

        mit ihrem Wald an Masten
        die die Nacht anzapfen

        nur ein Windstoß noch
        und die Scharniere klappen

im Februar

        wieder zu sehn
        die Überhand der Krähen
        wie sie sich vergreift
        am Weißbrotrest
        am nackten Geäst
        und wieder zu hörn
        den Heidenlärm
        wenn sie sich versammeln
        in Chören krakeelen
        das Ende der Kälte
        ist längst nicht Sicht

von hier aus sehen wir die Buche
weit draußen im Garten so weit
dass unser längster Weg nicht reicht
zu ihr die weiter reift sich tiefer
schiebt in Schluff und Stein die Buche
die uns hünenartig übersteigt
so fern draußen in der Zeit
wo schon Andere das Laub
in unserm Garten harken

die Kronen halten dicht
über den Wiesen

nur Kastanien sind krank
geschrieben löchrig braune
Hände kritzeln in den Wind

der Himmel bedeckt sich mit
all den verworfenen *Skizzen*

Wind ist aus dem Zug gestiegen
hat sich verflüchtigt in die Stadt
er löst Plakate alten Datums
von den Litfasssäulen ab
verreißt Konzerte schiebt
das Fest auf irgendwann
und zettelt stattdessen
ein Unwetter an

Kastanie

    der Park altert
    im milchigen Septemberlicht

    den Wegen fallen
    sonnverbrannte Schuppen
    auf die Schultern

    unter schweren Sohlen
    knacken die Abende auf

    so geht ein Hüne
    von Sommer
    ganz dicht
    an uns vorüber

Parkstühle

    nach dem Guss
    das Warten

    wir harren in der Pose
    der Insekten

    wir stechen unsre Beine
    in den Schlamm

    uns fehlen die Rücken
    die weichen Ellen

    der warme Puls
    an unserm Metall

    wir warten versessen
    auf neue Gespräche Versprechen

    schweigen eisern
    von der Welt

Wespen

    wir kreisen
    wenn die Hitze drückt

    sitzt du ganz ruhig
    bist eingenickt

    wir setzen an
    zu einem Stich

    beweis dass du
    lebendig bist

Paris im Mai

    der Abend zieht
    in roten Linien vorüber

    das Licht ist kurz
    dem Süden entliehn

    es wiegt sich noch
    von Mast zu Mast

    und Dach für Dach
    errötet und verblasst

    so ist August
    wir haben die Luft
    für uns und warten
    jeden Tag auf Abend

    dass die Stunde wieder blau
    in die Platanen schlägt
    dass die Kronen anschwellen
    der Monat verblüht

am Ende des Jahres

        hungert die Erde
        die Mägen sind leer
        und es knurrt und es knarrt
        in den Stämmen

        die Seen verzehrn sich
        das Eis hält sie dicht
        sie ringen um Himmel
        und spiegeln ihn nicht

Dezemberzüge

       sei wach sieh hin
       so bahrt das Jahr sich auf

       aus den Feldern
       stechen Gräten

       alle Birken
       halten still

       am Flusseis
       harren Reiher

wir brechen auf

    samstagfrüh auf freier Strecke
    hältst du das Steuer fest
    hälst auch mein Schweigen aus
    folgst meinem Redefluss ins Land hinein
    ziehn Haus und Hof vorbei
    Orte zum Sesshaftsein
    flache Felder wie im Norden
    du fährst mich fort
    der Gurt ist fest gezurrt
    ein Leib liegt drunter unbewohnt
    und leer der Rücksitz hinter uns
    bestehen wir weiter aus Zweien
    die fahren in Richtung der Häfen
    die bleiben auf rechter Spur
    die halten an Kreuzung und Schranken
    die warten auf mit langem Atem

Matroschka

    im Sommer ist die Großmutter verstorben
    sie war wohl eichenalt
    da sind die Dielen meiner Mutter eingebrochen
    morsche Wände fielen endlich
    wurde Licht um sie

        und meine Mutter dreht sich dreht sich
        auf und trägt im Leib sich selbst
        in klein trägt meine Schwester
        die sich dreht sich dreht sich
        auf blickt eine Tochter
        winzigklein

    dreh ich mich auch?
    dreh mich nicht auf
    lass mich nicht öffnen

    und höre etwas leise
    an die Wände
    in mir klopfen

irgendwo drinnen muss es schwimmen
dein Kind das es noch gar nicht gibt
dein Kind das erst ein Sandkorn ist
dem du nicht glaubst dass es dich irgendwann
von innen wölben kann mit einer Wirbelsäule
deinen Leib aufspannt.
und ist es die geringste Spur von Leben
birgts in sich schon den großen Plan
von Säule Nägeln Hals und Ellenbögen
baut sich auf und nimmt sich was es braucht
von deinen Räumen und wird selber Raum
den du nicht sehen nicht begehen kannst
nur von außen deine Hand auflegen
in ihn rufen Widerhall erwarten
warten, eine Ewigkeit

Aufbruch

> hoch aufgeworfen
> hast du meinen Bauch
> mich aufgewühlt
> vom Becken bis zum Rippen-
> bogen brodelt es
> von deinen Tritten
> doch untertage bleibt
> was dich betrifft
> wie dein Haar beschaffen ist
> wie sich dein Name spricht
> ich seh die Nabelkuppe
> höhersteigen im Septemberlicht
> ihrem Zenit entgegen
> Tag an dem die Platten schieben
> es beben wird
> der Berg aufbricht

Rückzug

I

ich fahre nicht fahrt
ohne mich ich bleibe hier
verschließe mich und warte
auf die Ankunft
von Stürmen überm Dach

II

ich bürst mir Krumen aus dem Fell
grabe meinen Bau unters Parkett
dort will ich nur liegen
die Sinne mir schärfen
und Vorrat sammeln an Schlaf

III

ich bin hellwach
nehm Witterung auf
beginnen die Stürme
in meinen Flanken
treib ich heut Nacht noch
mein Junges aus

du bist so weit weg von mir
als atmeten wir nicht aus
einem einzigen Körper

in Gedanken steig ich hinab
ich suche dich
doch wo du nistest
regt sich nichts kein Zeichen
dringt aus deinen Wänden

baust du in mir eine Etage
die uns trennt doch die ich trage
bis wir eines Tags zusammenziehn

ich stelle mir vor
ein Wesen tief im Bauch
unter der Decke liegend
weiß und im Zeitraffer wachsend

ich stelle mir vor
einen Rippenbogen
Hände und Kränze
und Schnecken im Ohr
und was sie hören stell ich mir vor:

das Pochen das Fauchen aus
Mägen die Stimmen von außen
und immer das Rauschen
und Rauschen von Blut

ich stelle mir vor
einen Wind der beginnt
die Lungenflügel anzuheben
Wind der in den Schulterblättern wühlt
Aufruhr ins Gewässer bringt

und ich stelle mir vor
ein Kind
das sinkt in Richtung Welt
die Schnur die es an mich bindet
meinen Leib
als Heißluftballon
der sich mit Atem füllt und steigt
aufzutreiben
an Sicht zu verlieren
bis das Kind
vor Augen verschwimmt

zehn Wochen

>
> was schrieb ich
> hätt ich nicht zu tragen
>
> was hat mir die Sprache
> verschlagen
>
> ich gebe von mir
> nur noch Antwort

Windpocken

      ihr wuchsen aus der Haut
      Vulkane
      die ruhten zwei Tage
      dann brachen sie auf

      und jucken und spucken
      sie brennen die Pocken
      sie kratzt sich aufs Blut

      und nachts wird sie heiß
      es glüht durch die Laken
      als schmelze im Innern
      ein altes Gestein

rêverie revue passiert

        labile Luft der Mond spielt Maskenball mit Wolken
        und darunter zwei auf Blickfang eine Brücke belle époque
        er ist ne Zirze balzadrett und amourett
        entlockt er ihr beim Tête-à-tête unter Laternen
        manch zungenspitzes Zugeständnis
        sie (in Reminiszenz an ihre Adoleszenz)
        hat in Paris bei Nacht kein Nein parat
        mehr schwankt ihr Wille walle walle wehe
        dass sie ihm verfalle just aus Jux &   !
        ach sie lacht sich lall & lol
        amöb mäandern sie einander in die Arme
        aalen an der Balustrade münden
        wie von Sinnen alles ab bis Morgen graut
        um diese neongrelle Traumnovelle
        sie wie von Bühnenbrettern in ein Taxi steigt
        ganz hin & weg & wie in einer Endlosschleife
        spielt die Szenerie: labile Luft
        der Mond spielt Maskenball mit Wolken
        und darunter zwei auf Blickfang eine Brücke belle époque

mein Haar

    ist das Sisal der Saison
    du legst damit den Sommer aus

    mein Haar ist weich
    es lässt sich leicht
    um deinen Finger wickeln

    mein Haar ist onduliert
    bricht Wellen nachts an dir

    mein Haar hält dicht
    du spielst dahinter
    stille Post

    mein Haar ist lang
    so wie du's wünschst

    es wächst mir langsam
    übern Kopf

steh zur Mitternacht am Fenster
draußen brodelt die Phiole Mond
ihr Licht das scheint
durch Kopf und Drüsen
mir ins Becken
dass ich ticke
strikt nach ihrer Zeit
und ihren Zyklen
die mich durchpflügen
befehlen mal fruchtbar
mal furchtbar zu sein
es drilln mich Gezeiten
muss kreisen und kreißen
muss springen im Zirkus
ums goldene Ei
jonglieren mit Launen
mal prall & mal schwach
bin hundsmüde hellwach
die Hormone im ständigen
Schleudergang
bin ich Monat für Monat
gestellt auf Empfang

Quarantäne in Blainville

langsam gewöhnen wir uns dran
das Weidland der Abstand
zur Küste die stürmischen Briefe
die morgens durch den Türspalt ziehn

wir finden uns ab
mit dem Plüsch der Hecken
den Nachmittagen im Carré
vertrösten das Fernweh mit Aussicht
aufs Jenseits der Dörfer

wir richten uns ein
versperren die Koffer
hier reisen nur noch
die Brachvögel ab

wer nimmt Notiz von diesem März?
die Wege wuchern zu einem Geheimnis
wen reizt es wen treibt es hinaus

wenn sich Hasel und Erle Spektakeln hingeben
poppen Fanfaren am Winterstrauch auf
und durch den Rankenring springt wildes Kraut

wer hält dies fest: Kumuluswolken geborsten
schwemmen die Auen mit Regentrank
zwei Störche torkeln am Gatter entlang

wer registriert den Aufzug von Stürmen
die Esche liegt in ihren Wehen sie ächzt
und presst die erste Knospe aus dem Holz

wer bekundet: das Leben ist wieder entbunden
es wächst an den Ästen es schwillt in den Kronen
und knallt es zu Boden erst merken wir auf

confinés

        wir kreiden die Tage
        an der Zimmerwand an

        die Zeit wächst langsam
        zu Zäunen heran

        wir träumen von Auslauf
        reiben Fell an Fell

        und wir weiden uns
        an dieser Enge

Sperrzone selbst der Strand
von Wracks und Glascontainern
führt ein Teerweg zu den Dünen
nur hier oben ist noch Sicht
aufs weite offne Land

*

kein Mensch außer dir
vor der Rampe keine Spur von Fluten
selbst das Meer hat sich zurückgezogen
von den Routen
alle Windgetriebe still
und eingestellt
der Flugverkehr der Möwen

*

im Sand schillert
die Millionenstadt der Muscheln
die winzigen Behausungen
der Einsamkeit stecken fest
bis wieder Wellen rollen
herrscht im Wattland Ebbezeit

Muscheln

    kaum mehr als Schutt
    aus dem Nachlass
    der Meere gespuckt
    und verscherbelt für lau
    an den Stränden
    wo du sie gefunden
    die weißen Stücke
    entzogen dem Schlick
    sie aufpoliert wie raren
    Schmuck gespült
    bis das Innere schimmert

    *

    du bettest deinen Schatz
    ins Dunkel eines Rucksacks
    und weißt: dir hat das Meer
    sein bestes Porzellan vermacht

Ostsee

lass sein die Vergleiche
es gibt sie nur einmal
beschreib nicht ihr Treiben
binnen der Küsten
verschweig ihr Verhältnis
von Salzen und Süßem
sag nichts vom Entzug
wenn du reist in den Süden
du fremd gehst und Land suchst
an anderen Meeren
halt dicht das Gewässer
das ruhig in dir liegt
dich schaukelt und antreibt
von innen dich wiegt
das Spiegel ist Pegel
ein ständiger Rausch
vertusch überspiel ihn
doch schlaf ihn nie aus

Versuch auf die Dünen zu steigen
erklimm ihren Kamm aber wisse
der Treibsand betrügt dich
er tilgt deine Schritte
verwechselt die Bühnen
vor gleicher Kulisse
schraffiert er mal
glättet er löst auf
den Rand so zerrieseln
    die Dünen
          die Schatten
               dein Gang

Amsel

    wie sie im Zick
    zack flitzt

    von den verbotnen
    Beeren pickt

    im Garten jeden
    Blick austrickst

    so flugs —

    selbst Gott ertappt sie nicht

genügte
die Mühe das Gras
mit der Harke so groß
wie ich selbst
zusammenzukratzen

rücklings
zu fallen ein Nest
zu ebnen zu atmen
den Himmel zu sehn

genügte
ein Handumdrehn
dem Garten
Eden zu entwachsen

NACHWORT

Ich schreibe Gedichte. Es hat ein paar Jahre gebraucht, ehe ich das mit dem Selbstverständnis sagen konnte, wie andere erzählen, sie bauten ein Haus. Wer sich selbst eine Dichterin nennt, müsse auch Gedichtbände vorlegen können, so nahm ich an. Solange aber kein Buch vorzuweisen ist, könne das Schreiben, jedenfalls außerhalb des Familienkreises, auch nicht der Rede wert sein.

Als ich mich dem Studienabschluss näherte und sich die Frage, was ich im Leben machen will, nicht länger aufschieben ließ, wurde es mir ernst mit dem Schreiben. Zehn Jahre lang hatte ich „opportunistisch" Gedichte verfasst: wenn sich zufällig und unvorhersehbar die Muse hatte blicken lassen. Und was dabei herauskam, ließ ich meist in der Rohfassung, die ich schamvoll vor fremden Augen hütete. Nun aber schrieb ich mit wachsender Kontinuität, vielleicht aus der panischen Erkenntnis heraus: Wenn ich schreiben will, dann muss ich es jetzt tun. Ich las mich quer durch die Dichtung meiner Zeit, dann zurück ins 20. Jahrhundert, blieb bei Helga M. Novak, Sarah Kirsch, Reiner Kunze und Marie Luise Kaschnitz hängen. Ich meldete mich bei Schreibwerkstätten an, las dort mit klopfender Brust meine Texte vor, schärfte langsam einen kritischen Blick. Zaghaft fand ich eine mir eigene Stimme und veröffentlichte erste Gedichte in Literaturzeitschriften. Schreiben verstand ich nunmehr als eine Arbeit an der Sprache, grundiert von Lektüre und Reflexion. Trotzdem blieb es fragil und wenig routiniert: Schreiben entsprang vor allem dem Luxus, viel Zeit und Raum zu meiner freien Verfügung zu haben. Damit blieb es abhängig von der Gunst der Muße.

Die Bestandsprobe kam mit zwei Veränderungen, die meine frei verfügbare Zeit plötzlich schmerzlich reduzierten: der erste Vollzeitjob im hektischen Paris, und anderthalb Jahre später die Geburt meines Kindes. So etwas wie Schreiben konnte nur noch streng geplant oder hochspontan in den sich spärlich öffnenden Zeitfenstern stattfinden.

Können so Gedichte entstehen? Ja, weil ich das ebenso zersplitterte wie dringliche Schreiben als meinen Modus Operandi in dieser Lebensphase annahm. Ich beobachtete, dass nicht die reine Schreibzeit das Entstehen neuer Gedichte sichert. Es sind gleichsam die vielen Nebenmomente, beim Lesen, Reden und Hinhören mitten im Trubel und unterwegs, die die Vorarbeit zum Schreiben leisten. Ich stelle meine Antennen immer wieder bewusst auf Empfang, um durchlässig zu werden für die Welt. Die Polyphonie der Eindrücke arbeitet dann unterschwellig in mir weiter, manches wird notiert, reichert sich mit Reflexionen an und kann, steht die Stunde unter einem guten Stern, in einer kurzen Schreibzeit in Textform an die Oberfläche kommen.

Das sind zunächst handschriftliche Gedichtskizzen, die ich dann über Wochen, oft Monate hinweg bearbeite. Manche Entwürfe weisen schon den Kern oder die äußere Erscheinung des späteren Gedichts auf. Von anderen bleibt nur ein einziger Vers, viele verwerfe ich ganz.

Die ersten Entwürfe sind rohes Material, das ich in vielen Durchgängen mithilfe sprachlichen Werkzeugs bearbeite. Wenn es gelingt, tritt allmählich das Gesicht eines Gedichts zu Tage. Dabei behaue ich weniger Schrift- als viel mehr Klangmaterial. Immer wieder spreche ich Teile eines Gedichts vor mich hin, nehme die nach und nach entstehenden Fassungen mit der Diktierfunktion meines Smartphones auf und höre sie mir mit ein paar Tagen Abstand an. Daraufhin überarbeite ich das Gedicht am Bildschirm, drucke es aus, lasse es wieder eine Zeitlang liegen. Ein Gedicht im Entstehen begleitet mich so durch meinen Alltag, ob in aufgenommener oder ausgedruckter Form.

Viele meiner Gedichte haben einen offen biografischen Bezug. Räumlich wie geschichtlich lebe ich weit entfernt von meiner Herkunftslandschaft: Als das „Wendekind" der Großfamilie wuchs ich in einem Pfarrhaus der Uckermark auf, nur einen Steinwurf von der polnischen Grenze entfernt. Dieses Kindheitsmilieu gibt es heute nicht mehr. Das Schreiben aber macht eine Spurensuche möglich, die das Verschwundene wieder heraufbeschwört.

Meine poetische Arbeit tastet sich an der Grenze zwischen Fantasie und Erinnerung entlang. Ein Gedicht entzündet sich immer an etwas Konkretem, das beim Lesen oder Betrachten einer Szenerie unerwartet aus dem Gedächtnis auftaucht: ein Schlafanzug, eine Laubharke, eine Glasscherbe. Ohne das Konkrete hätte ich keinen Anlass zu schreiben. Und doch habe ich kein Interesse an realistischer Abbildung. Im Gegenteil: Mich interessiert, wie die Erinnerung Dinge und Szenen fortlaufend verwandelt. Beim Nachspüren von Erinnerungen entfesselt sich ein schöpferischer Prozess des Assoziierens, bei dem sich das ursprüngliche Motiv mit fiktiven und intertextuellen Elementen anreichert, verändert. Manchmal ist es ein einziges Wort, das das Gedicht in der Folge auf seine ganz eigene Fährte führt, die keinen Rückweg zum faktisch Erlebten mehr zulässt.

Mehr als die Frage, *wie* meine Gedichte entstehen, treibt mich das Bedürfnis nach Garantie um, *dass* ich sie weiterhin schreiben kann. Mit den Gedichten dieses ersten eigenen Bands bin ich noch dicht verwoben. Als ich Seite für Seite des Manuskripts aus dem Drucker segeln sah, war es aber ein wenig, als streife ich eine Haut ab. Vielleicht ist diese Art Häutung nötig, um eine andere Perspektive auf die Gedichte einnehmen zu können. So kann nun Neues entstehen.

INHALT

retour	03
wir waren die Letzten	04
wir hatten Land	05
Landkarte	06
damals	07
Winter	08
kleine Tiere	09
Wir wolln uns gruseln	10
Akkordeon	11
Kalk	12
fremdes Gelände	13
Hochsommer	14
Heumahd	15
Treibgut	16
eine ging fort	17
bei Nacht	18
liebe M.	19
Auszug	20
vierundzwanzig	21
fünfundzwanzig	22
Patagonien. bis hierher	23
finis terrae	24
Jetlag	25
sommeil réparateur	26
Tarifa	27
ich spanne ab	27
Sappho	28
zu halb vier	29
Kempowski-Ufer	30
der Kehrmann	31
November	32
Besichtigung	33
am Hafen	34
im Februar	35

von hier aus	36
die Kronen halten dicht	37
Wind	38
Kastanie	39
Parkstühle	40
Wespen	41
Paris im Mai	42
so ist August	42
am Ende des Jahres	43
Dezemberzüge	44
wir brechen auf	45
Matroschka	46
irgendwo drinnen	47
Aufbruch	48
Rückzug	49
du bist so weit weg von mir	50
ich stelle mir vor	51
zehn Wochen	52
Windpocken	53
rêverie revue passiert	54
mein Haar	55
steh zur Mitternacht am Fenster	56
Quarantäne in Blainville	57
wer nimmt Notiz von diesem März?	58
confinés	59
Sperrzone selbst der Strand	60
Muscheln	61
Ostsee	62
Versuch	63
Amsel	64
genügte	65
Nachwort	67